ANIMALES DE GRANJA

Las ovejas

Jared Siemens

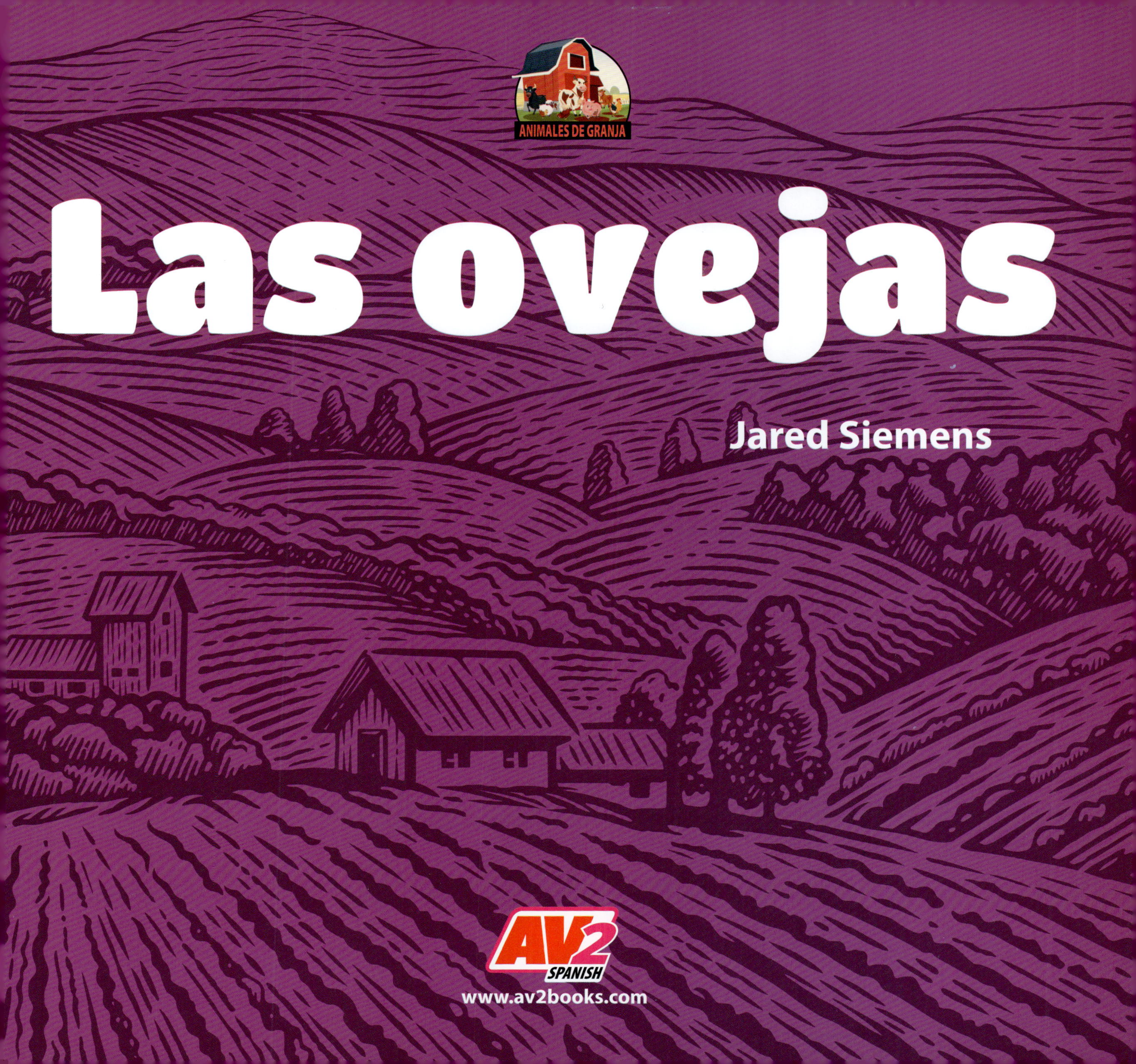

AV2 SPANISH
www.av2books.com

AV2 SPANISH

Step 1
Go to **www.av2books.com**

Step 2
Enter this unique code

AVC87579

Step 3
Explore your interactive eBook!

AV2 Spanish is optimized for use on any device

Media Enhanced Book
Every hardcover Spanish title comes with two free eBooks for a complete bilingual experience

AV2 Page Controls
An intuitive design allows users to go back and forth through the pages in their selected language

Language Toggle
Users can toggle between Spanish and English to learn the vocabulary of both languages

View new titles and product videos at www.av2books.com

Las ovejas

En este libro, aprenderás

- cómo son
- qué hacen
- qué comen
- por qué se crían
- ¡y mucho más!

Las ovej

as

Una oveja es un animal de granja con un pelaje muy grueso.

Los granjeros las crían por su carne y su lana.

Texas es el estado que tiene más ovejas.

La oveja bebé se llama cordero.

Los corderos pesan entre 5 y 8 libras al nacer.

A los 90 minutos de nacer, los corderos ya pueden pararse.

Las ovejas tienen dos dedos en cada uno de sus cuatro pies.

Sus pies se llaman pezuñas.

El pelo de la oveja se llama lana.

La lana se usa para hacer ropa.

Una oveja puede dar hasta **30 libras** de lana por año.

Las ovejas macho se llaman carneros.

Algunos carneros tienen cuernos enrulados en la cabeza.

Las ovejas se comunican entre sí haciendo “**baa**”.

Este sonido que hace la oveja se llama balido.

Las ovejas comen mayormente pasto y otras plantas.

Las ovejas no tienen dientes delanteros superiores.

Las ovejas viven en grupos llamados rebaños.

Los rebaños van juntos
de un lugar a otro.

Los granjeros suelen tener perros especiales.

Algunos perros protegen a las ovejas. Otros las guían a su hogar.

DATOS SOBRE LAS OVEJAS

Estas páginas ofrecen información detallada sobre los interesantes datos de este libro. Están dirigidas a los adultos, como soporte, para que ayuden a los jóvenes lectores a redondear sus conocimientos sobre cada sorprendente animal presentado en la serie *Animales de granja* y por qué se crían en las granjas.

Páginas 4–5

Una oveja es un animal de granja con un pelaje muy grueso. En los Estados Unidos, hay más de 70.000 granjas y ranchos de ovejas. Hasta noviembre de 2018, había en el país cerca de 5,21 millones de ovejas. Texas, California y Colorado tienen la mayor población de ovejas de EE.UU. Las granjas de Texas albergan a casi 750.000 ovejas.

Páginas 6–7

La oveja bebé se llama cordero. La oveja hembra puede llegar a parir hasta tres corderos por camada. Los corderos nacen con una gruesa capa de pelo llamada vellón. A las pocas horas de nacer, los corderos ya pueden caminar. Los corderos suelen dormir hasta 12 horas por día.

Páginas 8–9

Las ovejas tienen dos dedos en cada uno de sus cuatro pies. Las pezuñas son gruesas y duras y son similares al hueso. Las pezuñas de las ovejas están hendidas, o divididas en dos dedos. Esto les permite pisar firmemente al caminar por terrenos irregulares y lodosos. Cuando una oveja está en peligro, puede correr más rápido que un corredor olímpico.

Páginas 10–11

El pelo de la oveja se llama lana. La lana es suave, liviana y calentita por lo que es ideal para hacer ropa. La lana de la oveja se usa para hacer muchas cosas, como suéteres, bufandas y medias. Cuando los granjeros esquilan, o afeitan el vellón de la oveja, no las lastiman. Con un solo vellón de oveja, se puede hilar una hebra de 123 millas (200 kilómetros) de largo.

Páginas 12–13

Las ovejas macho se llaman carneros. Algunas especies de carneros tienen cuernos grandes y enrulados en la cabeza. A veces usan los cuernos cuando se pelean con otros carneros y chocan sus cabezas. La raza de oveja más grande de los Estados Unidos es la Suffolk. Un carnero Suffolk adulto puede llegar a pesar 400 libras (181 kilogramos).

Páginas 14–15

Las ovejas se comunican entre sí haciendo "baa". Las ovejas balan para comunicar lo que sienten. Si bien suelen ser silenciosas, las ovejas balan para llamar la atención de otra oveja y también cuando tienen hambre o están por comer. Un cordero puede reconocer a su mamá por el sonido de su balido.

Páginas 16–17

Las ovejas comen mayormente pasto y otras plantas. El labio superior de la oveja está partido en dos. Por eso les resulta más fácil comer plantas. Pueden usar sus labios como dedos para arrancar una hoja de un arbusto. La oveja usa sus dientes inferiores para triturar la comida contra el paladar. Al igual que las vacas, las ovejas regurgitan el alimento y lo vuelven a masticar.

Páginas 18–19

Las ovejas viven en grupos llamados rebaños. Los rebaños de ovejas pueden llegar a tener 50 integrantes. Las ovejas desarrollan una amistad muy estrecha con otras ovejas del rebaño y suelen pastar siempre con el mismo grupo. El presidente Woodrow Wilson usó un rebaño de ovejas para mantener el pasto de la Casa Blanca durante la Primera Guerra Mundial.

Páginas 20–21

Los granjeros suelen tener perros especiales. Usan perros de pastoreo, como los border collies, para guiar a las ovejas y hacerlas entrar y salir de los campos y establos de la granja. El perro de pastoreo corre alrededor del rebaño ladrando para guiar a las ovejas en grupos. Los perros de guardia, como los pastores de Maremma, se usan para proteger a las ovejas de los depredadores. Ladran para ahuyentar al animal que está amenazando a la oveja. Los granjeros también tienen burros, llamas o alpacas para proteger a sus ovejas.

AV2 SPANISH

Step 1
Go to **www.av2books.com**

Step 2
Enter this unique code
AVC87579

Step 3
Explore your interactive eBook!

AV2 Spanish is optimized for use on any device

Published by AV2
350 5th Avenue, 59th Floor New York, NY 10118
Website: www.av2books.com

Library of Congress Control Number: 2019955520

ISBN 978-1-7911-2223-2 (hardcover)
ISBN 978-1-7911-2224-9 (multi-user eBook)

Printed in Guangzhou, China
1 2 3 4 5 6 7 8 9 0 24 23 22 21 20

032020
101719

Spanish Project Coordinator: Sara Cucini Spanish Editor: Translation Services USA LLC
Art Director: Terry Paulhus English Project Coordinator: Jared Siemens

AV2 acknowledges Getty Images, iStock, Shutterstock, and Alamy as the primary image suppliers for this title.